MW01699136

LE CORDON BLEU

RECETAS CASERAS

MAGDALENAS

KÖNEMANN

contenido

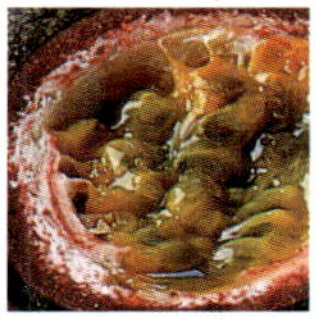

para principiantes — para cocineros poco experimentados — para cocineros expertos

Magdalenas de manzana

Esponjosas, dulces y envueltas en el sabor de las especias, estas magdalenas están riquísimas a cualquier hora del día, ya sea para desayunar o para picar entre horas acompañadas de café o té.

Tiempo de preparación ***25 minutos***
Tiempo de cocción ***30 minutos***
Para 6 magdalenas grandes

225 g de harina de fuerza
150 g de harina
1 1/2 cucharaditas de levadura
2 cucharaditas de canela en polvo
1 cucharadita de nuez moscada rallada
3 cucharadas de azúcar
155 g de mantequilla
3 cucharadas de miel
2 huevos
170 ml de leche
3 manzanas verdes, peladas y cortadas en dados pequeños
1 cucharadita de canela en polvo extra
2 cucharadas de azúcar extra

1 Precaliente el horno a 200°C. Engrase un molde para 6 magdalenas (250 ml de capacidad) con mantequilla derretida o aceite. Tamice las harinas, la levadura, la canela, la nuez moscada y el azúcar en un recipiente grande y haga un hoyo en el centro.

2 Derrita la mantequilla y la miel en una sartén pequeña a fuego lento sin dejar de remover hasta que estén suaves. Entonces, retire la sartén del fuego. Bata los huevos y la leche en un bol pequeño.

3 Incorpore la mezcla de mantequilla, la de huevo y los dados de manzana al hoyo formado en los componentes sólidos. Con una cuchara de acero inoxidable, remueva hasta que haya unido todo bien. No bata demasiado la mezcla, pues debe tener una textura grumosa.

4 Coloque la mezcla en el molde, rellene cada cavidad en tres cuartas partes de su capacidad. Espolvoree con la canela y el azúcar mezcladas. Hornee durante 20 minutos hasta que al introducir una brocheta en una magdalena, ésta salga limpia. Déjelas en el molde durante 10 minutos antes de desmoldarlas y colocarlas sobre una rejilla para que se enfríen.

Magdalenas de limón

La cobertura de queso sobre estas magdalenas ácidas las hace irresistibles. Si utiliza ralladura de limón para darles sabor, deberá rallar únicamente la piel amarilla y no las pielecillas blancas, pues darían a las magdalenas un sabor amargo.

Tiempo de preparación ***20 minutos***
Tiempo de cocción ***12 minutos***
Para 8 magdalenas medianas

300 g de harina de fuerza
1/4 cucharadita de levadura
125 g de azúcar
2 cucharadas de ralladura de limón
185 ml de suero de leche
1 cucharadita de extracto o esencia de vainilla
2 huevos ligeramente batidos
110 g de mantequilla derretida

COBERTURA
20 g de mantequilla blanda
100 g de queso para untar
2 cucharadas de azúcar glas
1 cucharada de zumo de limón

ralladura de limón para decorar

1 Precaliente el horno a 200°C. Engrase un molde para 12 magdalenas (125 ml de capacidad) con mantequilla derretida o aceite. Tamice la harina, la levadura y el azúcar en un recipiente grande. Añada la ralladura de limón y haga un hoyo en el centro.

2 Mezcle bien el suero de leche, la vainilla y los huevos en un bol pequeño.

3 Añada la mantequilla y la mezcla de huevo al hoyo formado en la mezcla de los ingredientes sólidos. Con una cuchara de acero inoxidable, remueva hasta que hayan unido. La mezcla debe tener una textura grumosa.

4 Colóquela en ocho de las cavidades del molde con una cuchara y llene cada una en tres cuartas partes de su capacidad. Hornee durante 10 ó 12 minutos o hasta que al introducir una brocheta en el centro de una magdalena, ésta salga limpia. Déjelas en el molde unos 5 minutos antes de desmoldarlas y colocarlas sobre una rejilla para que se enfríen.

5 Para hacer la cobertura, bata la mantequilla y el queso en un robot de cocina hasta que hayan unido. Añada el azúcar glas y el zumo y bata hasta obtener una mezcla espesa y cremosa. Esparza la cobertura sobre las magdalenas cuando se hayan enfriado del todo. Decórelas con ralladura de limón.

Magdalenas de plátano y jengibre

La sutil combinación de plátano y jengibre, potenciada por el dorado néctar de la miel, hace que estas magdalenas sean deliciosamente tentadoras.

Tiempo de preparación **20 minutos**
Tiempo de cocción **25 minutos**
Para **12 magdalenas medianas**

300 g de harina de fuerza
1 cucharadita de jengibre en polvo
115 g de azúcar moreno
75 g de jengibre escarchado cortado en trocitos pequeños
60 g de mantequilla
2 cucharadas de miel
125 g de leche
2 huevos
240 g de plátano triturado (vea Nota del chef)

COBERTURA
125 g de queso para untar, blando
2 cucharadas de azúcar glas
2 cucharaditas de ralladura de limón

jengibre escarchado para decorar

1 Precaliente el horno a 210°C. Unte un molde para 12 magdalenas (125 ml de capacidad) con mantequilla derretida o aceite. Tamice la harina y el jengibre en polvo en un recipiente grande. Después agregue el azúcar moreno y el jengibre escarchado y haga un hoyo en el centro de la mezcla.

2 Coloque la mantequilla y la miel en una sartén pequeña y remueva a fuego lento hasta que se hayan derretido. Retire la sartén del fuego. Bata la leche y los huevos en un bol.

3 Añada la mezcla de mantequilla, la mezcla de huevo y el plátano al hoyo formado en los ingredientes sólidos. Remueva con una cuchara de acero inoxidable hasta que hayan unido bien. No bata demasiado la mezcla, pues debe tener una textura grumosa. Coloque la mezcla en el molde para magdalenas con una cuchara y llene cada cavidad en sus tres cuartas partes. Hornee durante 20 minutos o hasta que al introducir una brocheta en el centro de una magdalena, ésta salga limpia. Deje las magdalenas en el molde 5 minutos más y luego desmóldelas y colóquelas sobre una rejilla para que se enfríen por completo antes de untarlas con la cobertura.

4 Para hacer la cobertura, bata el queso para untar, el azúcar glas y la ralladura de limón hasta obtener una mezcla ligera y cremosa. Úntela sobre las magdalenas y decórelas con láminas de jengibre escarchado.

Nota del chef Necesitará dos plátanos maduros de tamaño mediano para elaborar esta receta.

Cloves

Magdalenas de arándanos

Estas magdalenas tradicionales pueden hacerse con arándanos frescos o congelados y están especialmente buenas servidas calientes para desayunar o a media mañana, con un café o un té. También puede utilizar frambuesas, moras, o ambas, removiendo con cuidado para que permanezcan enteras.

Tiempo de preparación ***15 minutos***
Tiempo de cocción ***30 minutos***
Para 6 magdalenas grandes

375 g de harina de fuerza
75 g de harina
115 g de azúcar moreno
150 g de arándanos frescos o congelados (vea Nota del chef)
2 huevos
250 ml de leche
1 cucharadita de extracto o esencia de vainilla
125 g de mantequilla derretida
azúcar glas para espolvorear

1 Precaliente el horno a 210°C. Unte un molde para 6 magdalenas (250 ml de capacidad) con mantequilla derretida o aceite. Tamice las harinas en un recipiente grande para batir. Añada el azúcar moreno y los arándanos y haga un hoyo en el centro.

2 Bata ligeramente los huevos, la leche y la vainilla en un bol e incorpore la mezcla al hoyo formado en los ingredientes sólidos. Añada la mantequilla y remueva con una cuchara de acero inoxidable hasta que hayan unido bien. No bata demasiado la mezcla, pues se debe conseguir una textura grumosa.

3 Coloque la mezcla en el molde para magdalenas con una cuchara y llene cada cavidad en las tres cuartas partes de su capacidad. Hornee durante 30 minutos o hasta que al introducir una brocheta en el centro de una magdalena, ésta salga limpia. Deje las magdalenas en el molde 5 minutos más antes de desmoldarlas y colocarlas sobre una rejilla para que se enfríen. Espolvoréelas copiosamente con azúcar glas tamizado antes de servirlas.

Nota del chef Si utiliza arándanos congelados, hágalo nada más sacarlos del congelador. No deje que se descongelen o la mezcla perderá color.

Magdalenas de chocolate blanco

La cubierta de láminas de almendras contrasta con las esponjosas magdalenas de chocolate blanco y limón.

Tiempo de preparación ***20 minutos***
Tiempo de cocción ***25 minutos***
Para 6 magdalenas grandes

375 g de harina de fuerza
125 g de azúcar
200 g de chocolate blanco troceado
2 huevos
375 ml de leche
2 cucharaditas de ralladura de limón
160 g de mantequilla derretida
45 g de almendras partidas en láminas

1 Precaliente el horno a 210°C. Unte un molde para 6 magdalenas (250 ml de capacidad) con mantequilla derretida o aceite. Tamice la harina en un recipiente grande, añada el azúcar y el chocolate y haga un hoyo en el centro.
2 Bata los huevos, la leche y la ralladura de limón en un bol y vierta la mezcla en el hoyo formado en los ingredientes sólidos. Añada la mantequilla y remueva con una cuchara de acero inoxidable hasta que hayan unido bien. No bata demasiado la mezcla, pues debe tener una textura grumosa.
3 Coloque la mezcla en el molde para magdalenas con una cuchara y llene cada cavidad en las tres cuartas partes de su capacidad. Esparza láminas de almendras sobre la superficie de la mezcla y presione suavemente para que se incrusten. Hornee durante 25 minutos o hasta que al introducir una brocheta en el centro de una magdalena, ésta salga limpia. Deje las magdalenas en el molde 5 minutos más antes de desmoldarlas y colocarlas sobre una rejilla para que se enfríen.

Magdalenas de pasas

Sirva estas sabrosas magdalenas de pasas ligeramente endulzadas con mantequilla batida como alternativa a la mantequilla habitual. También puede utilizar sultanas o dátiles en vez de pasas.

Tiempo de preparación 25 minutos
Tiempo de cocción 20 minutos
Para 12 magdalenas medianas

150 g de harina de fuerza
155 g de harina de fuerza integral
1/2 cucharadita de jengibre en polvo
1/2 cucharadita de especias variadas
155 g de azúcar moreno
260 g de pasas
2 huevos
185 ml de leche
125 g de mantequilla derretida
azúcar glas para espolvorear

MANTEQUILLA BATIDA
60 g de mantequilla blanda
1/4 cucharadita de extracto o esencia de vainilla
1 cucharada de azúcar glas

1 Precaliente el horno a 210°C. Unte un molde para 12 magdalenas (125 ml de capacidad) con mantequilla derretida o aceite. Tamice las harinas, el jengibre y las especias en un recipiente grande, añadiendo los restos que hayan quedado en el tamiz. Agregue el azúcar y las pasas y haga un hoyo en el centro.

2 Bata los huevos y la leche en un bol e incorpore la mezcla al hoyo formado en los ingredientes sólidos junto con la mantequilla derretida. Con una cuchara de acero inoxidable, remueva hasta que hayan unido bien. No bata demasiado la mezcla, pues debe tener una textura grumosa.

3 Coloque la mezcla en el molde para magdalenas y llene cada cavidad en las tres cuartas partes de su capacidad. Entonces, hornee durante 20 minutos y deje las magdalenas en el molde 5 minutos más antes de desmoldarlas y colocarlas sobre una rejilla para que se enfríen.

4 Para hacer la mantequilla batida, bata la mantequilla con una cuchara de madera en un recipiente pequeño hasta que esté ligera y cremosa. Agregue la vainilla y el azúcar glas tamizado y bata de nuevo. Espolvoree las magdalenas con azúcar glas antes de servirlas con la mantequilla batida.

Magdalenas inglesas

Tradicionalmente se separaban cuidadosamente los bordes de las magdalenas con un tenedor, luego se tostaban por ambos lados, se abrían del todo y se untaban con una gruesa capa de mantequilla.

Tiempo de preparación ***30 minutos + 1 hora 20 minutos en reposo***
Tiempo de cocción ***15 minutos***
Para 12 magdalenas

10 g de levadura fresca o 2 cucharaditas de levadura en polvo
400 g de harina normal o reforzada
1 1/2 cucharadita de sal
1 cucharadita de azúcar
1 cucharadita de mantequilla blanda

1 Ponga a cocer 225 ml de agua en un cazo pequeño a fuego lento hasta que esté templado al tacto. Retírelo del fuego, añada y remueva la levadura hasta que se haya disuelto.

2 Tamice la harina, la sal y el azúcar en un recipiente grande, haga un hoyo en el centro y añada la mezcla de levadura. Poco a poco, incorpore la harina al líquido con los dedos de la mano bien separados y mezcle hasta que los ingredientes hayan unido bien. Coloque la mezcla sobre una superficie espolvoreada con harina y amase durante 2 ó 3 minutos o hasta que esté suave.

3 Coloque la masa en un recipiente limpio espolvoreado previamente con un poco de harina, cúbralo con film transparente y déjelo en un lugar cálido durante 1 hora o hasta que haya duplicado su tamaño.

4 Espolvoree una bandeja de horno con harina. Precaliente el horno a 210°C. Coloque la masa sobre una superficie de trabajo ligeramente enharinada y amase hasta que esté suave. Estire la masa con un rodillo hasta que tenga 1 cm de grosor aproximadamente y, con un cortapastas de 7 cm de diámetro bañado en harina, recorte círculos y colóquelos en la bandeja de horno. Vuelva a estirar cualquier posible resto de masa y repita la operación. Cubra la bandeja con film transparente y deje reposar las magdalenas en un lugar cálido durante 15 ó 20 minutos o hasta que las magdalenas hayan subido un poco. Después, hornee durante 15 minutos, dándoles la vuelta cuando haya transcurrido la mitad del tiempo de cocción. Retírelas de la bandeja y colóquelas sobre una rejilla para que se enfríen.

Nota del chef Estas magdalenas también pueden hacerse en la cocina con una parrilla o una sartén seca a fuego lento. Déles la vuelta cuando ya estén doradas y bastante cocidas por un lado.

Magdalenas de peras y pacanas

La pera ligeramente cocida contribuye a la riquísima textura jugosa de estas magdalenas, que además cuentan con el sabor de crujientes pacanas tostadas y troceadas.

Tiempo de preparación ***25 minutos***
Tiempo de cocción ***30 minutos***
Para 6 magdalenas grandes

300 g de harina de fuerza
150 g de harina
1 cucharadita de canela en polvo
1/2 cucharadita de nuez moscada en polvo
115 g de azúcar moreno
400 g de peras, peladas, deshuesadas y cortadas en trocitos pequeños
100 g de pacanas tostadas y troceadas (vea Nota del chef)
2 huevos
375 ml de leche
1 cucharadita de extracto o esencia de vainilla
125 g de mantequilla derretida

6 pacanas enteras para decorar
azúcar glas para espolvorear

1 Precaliente el horno a 210°C. Unte un molde para 6 magdalenas (250 ml de capacidad) con mantequilla derretida o aceite. Tamice las harinas, la canela y la nuez moscada en un recipiente y añada el azúcar, la pera y las pacanas.

2 Bata ligeramente los huevos, la leche y la vainilla en un bol y viértalos en el hueco formado en el centro de los ingredientes sólidos. Añada la mantequilla y remueva con una cuchara de acero inoxidable hasta que hayan unido bien. La mezcla debe tener una textura grumosa.

3 Colóquela en el molde para magdalenas con una cuchara y llene cada cavidad en las tres cuartas partes de su capacidad. Coloque una pacana sobre cada magdalena y hornee durante 30 minutos o hasta que al introducir una brocheta en el centro de una magdalena, ésta salga limpia. Deje las magdalenas en el molde 5 minutos más antes de desmoldarlas y colocarlas sobre una rejilla para que se enfríen. Espolvoréelas con azúcar glas tamizado antes de servirlas.

Nota del chef Para tostar las pacanas, repártalas sobre una bandeja de horno y hornéelas a 180°C durante 5 ó 7 minutos o hasta que estén ligeramente doradas.

Magdalenas de albaricoque

Estas magdalenas de fruta hechas con albaricoques secos y harina integral están más sabrosas si se comen el día de su elaboración. Puede utilizar otras frutas como melocotones o higos secos, o bien especias variadas en vez de canela.

Tiempo de preparación ***25 minutos***
Tiempo de cocción ***25 minutos***
Para 12 magdalenas medianas

180 g de albaricoques secos troceados
125 ml de zumo de naranja
185 g de harina
195 g de harina de fuerza integral
1 1/2 cucharaditas de canela molida
165 g de azúcar moreno
185 g de leche
1 huevo
185 g de mantequilla derretida
azúcar glas para espolvorear

1 Precaliente el horno a 210°C. Unte un molde para 12 magdalenas (125 ml de capacidad) con mantequilla derretida o aceite. Coloque los albaricoques en un recipiente pequeño. Caliente el zumo de naranja y viértalo sobre los albaricoques, luego déjelos enfriar.

2 Tamice las harinas y la canela en un recipiente grande y vuelva a añadir al recipiente los restos que hayan podido quedar en el tamiz. Añada el azúcar y haga un hoyo en el centro.

3 Bata la leche y el huevo en un bol y viértalos en el hoyo formado en los ingredientes sólidos con la mantequilla, los albaricoques y el zumo. Remueva con una cuchara de acero inoxidable hasta que hayan unido bien. No bata demasiado la mezcla, pues debe tener una textura grumosa.

4 Coloque la mezcla en el molde para magdalenas con una cuchara y llene cada cavidad en las tres cuartas partes de su capacidad. Hornee durante 20 minutos o hasta que al introducir una brocheta en el centro de una magdalena, ésta salga limpia. Deje las magdalenas en el molde 5 minutos más antes de desmoldarlas y colocarlas sobre una rejilla para que se enfríen. Espolvoréelas ligeramente con azúcar glas tamizado antes de servirlas.

Magdalenas de moca

"Moca" era el nombre original de un fuerte café arábigo de aroma inconfundible que se exportaba desde el puerto de Moka, en Yemen. Hoy en día, "moca" suele hacer referencia a un chocolate caliente con aroma de café o a la combinación de ambos sabores en los pasteles o, como en este caso, en las magdalenas.

Tiempo de preparación ***20 minutos***
Tiempo de cocción ***25 minutos***
Para 12 ***magdalenas medianas***

375 ml de leche
1 cucharada de café soluble o en grano
200 g de harina de fuerza
200 g de harina
4 cucharadas de cacao en polvo
115 g de azúcar moreno
2 huevos poco batidos
160 g de mantequilla derretida
125 ml de nata montada
chocolate en polvo para espolvorear

1 Precaliente el horno a 210°C. Unte un molde para 12 magdalenas (125 ml de capacidad) con mantequilla derretida o aceite. Caliente la leche en un cazo pequeño a fuego medio sin que llegue a hervir y añada el café soluble o en grano. Remueva hasta que se haya disuelto y resérvelo para que se enfríe.

2 Tamice las harinas y el cacao en polvo en un recipiente grande, añada el azúcar y haga un hoyo en el centro. Agregue la mezcla de leche, los huevos y la mantequilla al hoyo formado en los ingredientes sólidos y remueva con una cuchara de acero inoxidable hasta que hayan unido bien. No bata demasiado la mezcla, pues debe tener una textura grumosa.

3 Coloque la mezcla en el molde para magdalenas con una cuchara y llene cada cavidad en las tres cuartas partes de su capacidad. Hornee durante 20 minutos o hasta que al introducir una brocheta en el centro de una magdalena, ésta salga limpia. Deje las magdalenas en el molde 5 minutos más antes de desmoldarlas y colocarlas sobre una rejilla para que se enfríen del todo antes de decorarlas.

4 Coloque una cucharada de nata montada sobre cada magdalena y espolvoree con chocolate en polvo tamizado.

Magdalenas de chocolate y nueces

Estas deliciosas magdalenas de chocolate negro son fáciles de congelar: simplemente déjelas enfriar por completo y guárdelas en bolsas o envases herméticos para congelados. Se conservarán hasta un mes. Para servirlas, deje que se descongelen a temperatura ambiente y, si lo desea, caliéntelas en el horno a fuego moderado.

Tiempo de preparación ***20 minutos***
Tiempo de cocción ***20 minutos***
Para 12 magdalenas medianas

265 g de harina de fuerza
4 cucharadas de harina
1/2 cucharadita de levadura
3 cucharadas de cacao en polvo
150 g de mantequilla
165 g de azúcar moreno
170 ml de leche
2 huevos
100 g de nueces picadas
125 g de chocolate sin leche en trozos grandes
azúcar glas para espolvorear

1 Precaliente el horno a 200°C. Unte un molde para 12 magdalenas (125 ml de capacidad) con mantequilla derretida o aceite. Tamice las harinas, la levadura y el cacao en un recipiente grande.

2 Coloque la mantequilla y el azúcar en una sartén pequeña y remueva a fuego lento hasta que la mantequilla se haya derretido y el azúcar se haya disuelto. Retire la sartén del fuego. En un bol pequeño, mezcle la leche y los huevos.

3 Añada las nueces picadas y el chocolate a los ingredientes sólidos y haga un hoyo en el centro. Vierta la mantequilla y la mezcla de huevo en el hoyo y remueva con una cuchara de acero inoxidable hasta que hayan unido bien. No bata demasiado la mezcla, pues debe tener una textura grumosa.

4 Coloque la mezcla en el molde para magdalenas con una cuchara y llene cada cavidad en las tres cuartas partes de su capacidad. Hornee entre 15 y 18 minutos o hasta que al introducir una brocheta en el centro de una magdalena, ésta salga limpia. Deje las magdalenas en el molde 5 minutos más antes de desmoldarlas con cuidado y colocarlas sobre una rejilla para que se enfríen. Espolvoréelas con el azúcar glas tamizado.

Magdalenas de naranja y semilla de amapola

Las abundantes semillas de amapola esparcidas sobre estas magdalenas son el ingrediente que les da ese delicioso sabor y crujiente textura.

Tiempo de preparación ***20 minutos***
Tiempo de cocción ***20 minutos***
Para 10 magdalenas medianas

300 g de harina de fuerza
1/4 cucharadita de levadura
3 cucharadas de azúcar
2 cucharadas de semillas de amapola
1 1/2 cucharadas de ralladura de naranja
100 g de mantequilla
105 g de mermelada de melocotón
2 huevos
80 ml de suero de leche
azúcar glas para espolvorear

1 Precaliente el horno a 200°C. Unte un molde para 12 magdalenas (125 ml de capacidad) con mantequilla derretida o aceite. Tamice la harina, la levadura y el azúcar en un recipiente grande. Añada las semillas de amapola y la ralla dura de naranja y haga un hoyo en el centro.

2 Funda la mantequilla y la mermelada en una sartén pequeña a fuego lento sin dejar de remover hasta obtener una mezcla suave. Retire la sartén del fuego. Bata ligeramente los huevos y el suero de leche en un bol pequeño.

3 Añada la mantequilla y la mezcla de huevo al hoyo formado en los ingredientes sólidos. Remuévalo con una cuchara de acero inoxidable hasta que hayan unido bien. No bata demasiado la mezcla, pues debe tener una textura grumosa.

4 Coloque la mezcla en el molde para magdalenas con una cuchara y llene cada cavidad en las tres cuartas partes de su capacidad. Hornee entre 12 y 15 minutos o hasta que al introducir una brocheta en el centro de una magdalena, ésta salga limpia. Deje las magdalenas en el molde 5 minutos más antes de desmoldarlas con cuidado y colocarlas sobre una rejilla para que se enfríen. Espolvoréelas ligeramente con azúcar glas tamizado antes de servirlas.

Magdalenas de ciruelas

La mezcla de las ciruelas negras y la avena hacen de estas magdalenas la delicia de quienes gustan de comer alimentos sanos. La cobertura de avena es muy recomendable, puesto que añade sabor y textura a las magdalenas.

Tiempo de preparación ***25 minutos***
Tiempo de cocción ***20 minutos***
Para 12 magdalenas medianas

150 g de harina de fuerza
75 g de harina
75 g de harina de fuerza integral
115 g de azúcar moreno
50 g de copos de avena
110 g de ciruelas deshuesadas troceadas
2 huevos
250 ml de leche
100 g de mantequilla derretida

COSTRA
1 cucharada de harina
1/2 cucharadita de canela en polvo
1/4 cucharadita de nuez moscada en polvo
55 g de azúcar moreno
4 cucharadas de copos de avena
20 g de mantequilla derretida

1 Precaliente el horno a 210°C. Unte un molde para 12 magdalenas (125 ml de capacidad) con mantequilla derretida o aceite. Tamice las harinas en un recipiente grande y vuelva a añadir a la mezcla los restos que hayan quedado en el tamiz. Añada el azúcar, la avena y las ciruelas y haga un hoyo en el centro.

2 Bata ligeramente los huevos y la leche y viértalos en el hoyo formado en los ingredientes sólidos junto con la mantequilla. Remueva con una cuchara de acero inoxidable hasta que hayan unido bien. No bata demasiado la mezcla, pues debe tener una textura grumosa. Coloque la mezcla en el molde para magdalenas con una cuchara y llene cada cavidad en las tres cuartas partes de su capacidad.

3 Para hacer la cobertura o costra, coloque los ingredientes en un recipiente pequeño y mézclelos bien. Espárzalos sobre la superficie de las magdalenas aún sin cocer y presione ligeramente para que se incrusten. Hornee durante unos 20 minutos o hasta que al introducir una brocheta en el centro de una magdalena, ésta salga limpia. Después, deje las magdalenas en el molde 5 minutos más antes de desmoldarlas con cuidado y colocarlas sobre una rejilla para que se enfríen.

Magdalenas americanas con pepitas de chocolate

Si no encuentra las pepitas de chocolate para hacer estas magdalenas de chocolate, trocee una tableta de chocolate negro.

Tiempo de preparación ***15 minutos***
Tiempo de cocción ***30 minutos***
Para 6 magdalenas grandes

225 g de harina de fuerza
75 g de harina
4 cucharadas de cacao en polvo
115 g de azúcar moreno
265 g de pepitas de chocolate negro
2 huevos
375 ml de suero de leche
90 g de mantequilla derretida
2 cucharadas de pepitas de chocolate negro extra
azúcar glas para espolvorear

1 Precaliente el horno a 210°C. Unte un molde para 6 magdalenas (250 ml de capacidad) con mantequilla derretida o aceite. Tamice las harinas y el cacao en un recipiente grande, añada el azúcar y las pepitas de chocolate y haga un hoyo en el centro.

2 Bata los huevos y el suero de leche en un bol y viértalos en el hoyo de los ingredientes sólidos junto con la mantequilla. Remueva con una cuchara de acero inoxidable hasta que hayan unido bien. No bata demasiado la mezcla, pues debe tener una textura grumosa.

3 Coloque la mezcla en el molde para magdalenas y llene cada cavidad en las tres cuartas partes de su capacidad. Espolvoree con el chocolate extra y presione para que se incrusten. Hornee durante 30 minutos o hasta que al introducir una brocheta en el centro de una magdalena, ésta salga limpia. Déjelas en el molde 5 minutos más antes de desmoldarlas y colocarlas sobre una rejilla para que se enfríen. Espolvoréelas con azúcar glas tamizado antes de servirlas.

Magdalenas de salvado

Con un alto contenido en fibra y endulzadas sólo con miel, estas sanas magdalenas no están nada mal para empezar el día. Están irresistibles recién hechas, servidas calientes y con un poco de mantequilla.

Tiempo de preparación ***20 minutos***
Tiempo de cocción ***25 minutos***
Para 12 magdalenas medianas

225 g de harina de fuerza
75 g de salvado sin tratar
185 g de sultanas
90 g de mantequilla
4 cucharadas de miel
2 huevos
250 g de yogur natural

1 Precaliente el horno a 210°C. Forre un molde para 12 magdalenas (125 ml de capacidad) con envoltorios de papel para magdalenas. Tamice la harina en un recipiente grande, añada el salvado y las sultanas y haga un hoyo en el centro.

2 Coloque la mantequilla y la miel en una sartén pequeña y remueva a fuego lento hasta que se hayan fundido y mezclado bien. Retire la sartén del fuego. Bata ligeramente los huevos y el yogur y viértalos en el hoyo formado en los ingredientes sólidos junto con la mezcla de mantequilla y miel. Remueva con una cuchara de acero inoxidable hasta que hayan unido bien. No bata demasiado la mezcla, pues debe tener una textura grumosa.

3 Coloque la mezcla en el molde para magdalenas con una cuchara y llene cada cavidad en las tres cuartas partes de su capacidad. Hornee durante 20 minutos o hasta que al introducir una brocheta en el centro de una magdalena, ésta salga limpia. Deje las magdalenas en el molde 5 minutos más antes de desmoldarlas con cuidado y colocarlas sobre una rejilla para que se enfríen. Sírvalas calientes o frías con mantequilla.

Nota del chef Los envoltorios de papel para magdalenas pueden adquirirse en cualquier supermercado o en tiendas especializadas en productos alimentarios. Si no los encuentra, unte el molde con mantequilla derretida o aceite antes de utilizarlo.

EIGH 20 LB

SUGAR

Magdalenas de frutas y frutos secos

Esta receta emplea fruta seca variada, pacanas y avellanas, sin embargo, se puede utilizar cualquier clase de fruta seca con nueces o almendras, o frutos secos variados.

Tiempo de preparación **20 minutos**
Tiempo de cocción **20 minutos**
Para 12 magdalenas medianas

225 g de harina de fuerza
55 g de harina integral
1/2 cucharadita de levadura
2 cucharaditas de especias variadas
1/2 cucharadita de pimienta inglesa molida
1 cucharadita de jengibre en polvo
150 g de mantequilla
55 g de azúcar moreno
3 cucharadas de melaza
185 ml de leche
2 huevos
200 g de fruta seca variada
80 g de pacanas picadas
50 g de avellanas picadas
azúcar glas para espolvorear

1 Precaliente el horno a 200°C. Unte un molde para 12 magdalenas (125 ml de capacidad) con mantequilla derretida o aceite. Tamice las harinas, la levadura, las especias variadas, la pimienta inglesa y el jengibre en un recipiente grande. Vuelva a añadir a la mezcla los restos que hayan quedado en el tamiz.

2 Coloque la mantequilla, el azúcar y la melaza en una sartén pequeña y remueva a fuego lento hasta que la mantequilla se derrita y el azúcar se disuelva. Después, retire la sartén del fuego. Bata la leche y los huevos en un bol pequeño.

3 Añada la fruta variada, las pacanas y las avellanas a los ingredientes sólidos y haga un hoyo en el centro. Vierta la mezcla de mantequilla y la de huevo en el hoyo formado en los ingredientes sólidos y remueva con una cuchara de acero inoxidable hasta que hayan unido bien. No bata demasiado la mezcla, pues debe tener una textura grumosa.

4 Coloque la mezcla en el molde para magdalenas con una cuchara y llene cada cavidad en las tres cuartas partes de su capacidad. Hornee entre 15 y 18 minutos o hasta que al introducir una brocheta en el centro de una magdalena, ésta salga limpia. Deje las magdalenas en el molde 5 minutos más antes de desmoldarlas con cuidado y colocarlas sobre una rejilla para que se enfríen. Espolvoréelas con azúcar glas tamizado antes de servirlas.

Magdalenas de chocolate y naranja

Con una combinación clásica de sabores, estas deliciosas magdalenas tienen una cremosa cobertura de chocolate y Cointreau.

Tiempo de preparación ***25 minutos***
Tiempo de cocción ***25 minutos***
Para 12 magdalenas medianas

150 g de chocolate negro troceado
75 g de mantequilla a dados
300 g de harina de fuerza
75 g de harina
3 cucharadas de cacao en polvo
3 cucharadas de azúcar
2 huevos
250 ml de leche
1 cucharada de ralladura de naranja

COBERTURA
200 g de chocolate negro troceado
60 g de mantequilla en dados
1 cucharada de Cointreau

virutas de ralladura de naranja para decorar

1 Precaliente el horno a 210°C. Unte un molde para 12 magdalenas (125 ml de capacidad) con mantequilla derretida o aceite. Coloque el chocolate y la mantequilla en un recipiente resistente al fuego sobre un cacillo de agua hirviendo. Remueva hasta que el chocolate y la mantequilla se hayan derretido. Entonces, retire el recipiente del fuego.

2 Tamice las harinas y el cacao en polvo en un recipiente grande. Añada el azúcar y haga un hoyo en el centro. Bata los huevos, la leche y la ralladura de naranja en un bol y viértalos en el hoyo formado en los ingredientes sólidos junto con la mezcla de chocolate derretido. Remueva con una cuchara de acero inoxidable hasta que hayan unido bien. No bata demasiado la mezcla, pues debe tener una textura grumosa.

3 Coloque la mezcla en el molde para magdalenas con una cuchara y llene cada cavidad en las tres cuartas partes de su capacidad. Hornee durante 20 minutos o hasta que al introducir una brocheta en el centro de una magdalena, ésta salga limpia. Deje las magdalenas en el molde 5 minutos más antes de desmoldarlas con cuidado y colocarlas sobre una rejilla para que se enfríen del todo antes de ponerles la cobertura.

4 Para hacer la cobertura, coloque el chocolate y la mantequilla en un recipiente resistente al fuego sobre un cazo con agua hirviendo. Remueva hasta que el chocolate y la mantequilla se hayan derretido. Retire el recipiente del fuego, añada el Cointreau y déjelo enfriar hasta que la cobertura esté lo bastante espesa para untarla sobre la superficie de las magdalenas. Decórelas con la ralladura de naranja antes de servirlas.

GRAN. SUG.
RICE
CASTOR
SUGAR
G/SYRUP
TREACLE
HONEY
1 LB
PINTS
1 LB = 16 OZS
½ LB = 8
¼ LB = 4
1 PINT = 20

Magdalenas de dátiles y nueces

Estas magdalenas resultan idóneas para comer en cualquier sitio. Si lo desea, también puede prepararlas grandes; para ello, utilice un molde para 6 magdalenas e incremente el tiempo de horneo en 10 minutos aproximadamente.

Tiempo de preparación ***20 minutos***
Tiempo de cocción ***25 minutos***
Para 12 ***magdalenas medianas***

200 g de dátiles frescos o secos, sin hueso y troceados
100 g de mantequilla
115 g de azúcar moreno
225 g de harina de fuerza
75 g de harina
125 g de nueces tostadas y picadas (vea Nota del chef)
2 huevos poco batidos
azúcar glas para espolvorear

1 Precaliente el horno a 210°C. Unte un molde para 12 magdalenas (125 ml de capacidad) con mantequilla derretida o aceite. En un cazo vierta 250 ml de agua, los dátiles, la mantequilla y el azúcar y remueva a fuego lento hasta que la mantequilla se haya derretido. Hiérvalo y retírelo del fuego para que la mezcla se enfríe a temperatura ambiente.

2 Tamice las harinas en un recipiente grande y añada las nueces. Haga un hoyo en el centro y vierta la mezcla de dátiles junto con los huevos. Remueva con una cuchara de acero inoxidable hasta que hayan unido bien. No bata demasiado la mezcla, pues debe tener una textura grumosa.

3 Coloque la mezcla en el molde para magdalenas con una cuchara y llene cada cavidad en las tres cuartas partes de su capacidad. Hornee durante 20 minutos o hasta que al introducir una brocheta en el centro de una magdalena, ésta salga limpia. Deje las magdalenas en el molde 5 minutos más antes de desmoldarlas con cuidado y colocarlas sobre una rejilla para que se enfríen. Espolvoréelas con azúcar glas tamizado antes de servirlas.

Nota del chef Para tostar las nueces, espárzalas sobre una bandeja de horno y hornéelas a 180°C durante 5 ó 7 minutos o hasta que estén doradas.

Magdalenas de muesli

Existen diversas maneras de comer muesli: con fruta, yogur, leche o como parte de una magdalena. Estas magdalenas están riquísimas para desayunar y también servidas con compota de frutas caliente como acompañamiento.

*Tiempo de preparación **15 minutos***
*Tiempo de cocción **20 minutos***
Para 12 magdalenas medianas

150 g de harina de fuerza
75 g de harina de fuerza integral
100 g de muesli tostado
115 g de azúcar moreno
85 g de pasas
250 g de leche
2 huevos
100 g de mantequilla derretida
75 g de muesli tostado extra

1 Precaliente el horno a 210°C. Unte un molde para 12 magdalenas (125 ml de capacidad) con mantequilla derretida o aceite. Tamice las harinas y vuelva a añadir al recipiente los restos que hayan quedado en el tamiz. Añada el muesli, el azúcar y las pasas y haga un hoyo en el centro.

2 Bata la leche y los huevos y añádalos al hoyo formado en los ingredientes sólidos junto con la mantequilla. Remueva con una cuchara de acero inoxidable hasta que hayan unido bien. No bata demasiado la mezcla, pues debe tener una textura grumosa.

3 Colóquela en el molde para magdalenas y llene cada cavidad en las tres cuartas partes de su capacidad. Esparza el muesli extra sobre la superficie de las magdalenas aún sin cocer y presione suavemente para que se incruste. Hornee durante 20 minutos o hasta que al introducir una brocheta en el centro de una magdalena, ésta salga limpia. Deje las magdalenas en el molde 5 minutos más antes de desmoldarlas con cuidado y colocarlas sobre una rejilla para que se enfríen. Están deliciosas servidas calientes con mantequilla.

Allspice
TO WEIGH

Magdalenas de fruta de la pasión y yogur

El dulce e intenso sabor de las semillas de la fruta de la pasión y su textura crujiente junto con el delicioso azúcar glaseado, que se deshace en la boca, hacen que estas magdalenas sean irresistibles para golosos de cualquier edad.

Tiempo de preparación ***30 minutos***
Tiempo de cocción ***30 minutos***
Para 12 magdalenas medianas

300 g de harina de fuerza
75 g de harina
4 cucharadas de azúcar
125 g de mantequilla
3 cucharadas de miel
2 huevos poco batidos
250 g de yogur natural
125 g de pulpa de fruta de la pasión (vea Nota del chef)

COBERTURA DE FRUTA DE LA PASIÓN
100 g de mantequilla blanda
125 g de azúcar glas
2 cucharadas de pulpa de fruta de la pasión (vea Nota del chef)

1 Precaliente el horno a 210°C. Unte un molde para 12 magdalenas (125 ml de capacidad) con mantequilla derretida o aceite. Tamice las harinas en un recipiente grande, añada el azúcar y haga un hoyo en el centro.

2 Caliente la mantequilla y la miel en una sartén pequeña a fuego lento sin dejar de remover hasta que se haya fundido y mezclado bien. Retire la sartén del fuego, déjelo enfriar un poco y viértalo en el hoyo formado en los ingredientes sólidos junto con los huevos, el yogur y la pulpa de fruta de la pasión. Remueva con una cuchara de acero inoxidable hasta que haya unido bien. No bata demasiado la mezcla, pues debe tener una textura grumosa.

3 Coloque la mezcla en el molde para magdalenas y llene cada cavidad en las tres cuartas partes de su capacidad. Hornee durante 20 ó 25 minutos o hasta que al introducir una brocheta en el centro de una magdalena, ésta salga limpia. A continuación, deje las magdalenas en el molde 5 minutos más antes de desmoldarlas y colocarlas sobre una rejilla para que se enfríen por completo antes de cubrirlas con el azúcar glaseado.

4 Para elaborar la cobertura de fruta de la pasión, bata la mantequilla blanda y el azúcar glas en el robot de cocina hasta obtener una mezcla de textura ligera y cremosa. Agregue las pulpa de fruta de la pasión y bata de nuevo hasta que haya unido bien, luego unte la mezcla sobre las magdalenas.

Nota del chef Necesitará aproximadamente seis frutas de la pasión para elaborar esta receta.

Magdalenas de frambuesas con costra

La tan apreciada costra se utiliza en esta receta para elaborar magdalenas de frambuesas con costra. Las frambuesas pueden sustituirse por cualquier otra baya con igual resultado.

Tiempo de preparación ***25 minutos***
Tiempo de cocción ***20 minutos***
Para 12 magdalenas medianas

225 g de harina de fuerza
150 g de harina
115 g de azúcar moreno
150 g de frambuesas frescas o congeladas (vea Nota del chef)
2 huevos
250 ml de leche
125 g de mantequilla derretida

COSTRA
50 g de harina
30 g de mantequilla fría y en dados
2 cucharadas de azúcar moreno

1 Precaliente el horno a 210°C. Unte un molde para 12 magdalenas (125 ml de capacidad) con mantequilla derretida o aceite. Tamice la harina de fuerza y la normal en un recipiente grande, añada el azúcar moreno y las frambuesas y haga un hoyo en el centro.

2 Bata los huevos y la leche en un bol y viértalos en el hoyo formado en los ingredientes sólidos junto con la mantequilla. Remueva con una cuchara de acero inoxidable hasta que hayan unido bien. No bata demasiado la mezcla, pues debe tener una textura grumosa. Coloque la mezcla en el molde para magdalenas con una cuchara y llene cada cavidad en las tres cuartas partes de su capacidad.

3 Para hacer la cobertura, coloque la harina, la mantequilla y el azúcar en un recipiente pequeño y mézclelo bien con las yemas de los dedos hasta obtener migas. Espolvoréelo sobre las magdalenas aún sin cocer y presione levemente para que se incruste.

4 Hornee durante 20 minutos o hasta que al introducir una brocheta en el centro de una magdalena, ésta salga limpia. Deje las magdalenas en el molde 5 minutos más antes de desmoldarlas con cuidado y colocarlas sobre una rejilla para que se enfríen.

Notas del chef Pueden emplearse otros tipos de bayas, como las moras o los arándanos, en vez de las frambuesas. Las bayas grandes, como las fresas, deberán trocearse.

Si utiliza frambuesas congeladas, hágalo nada más sacarlas del congelador. No deje que se descongelen o la mezcla perderá color.

Magdalenas de calabaza

El delicado sabor de las especias y la suave y dulce pulpa de la calabaza forman una combinación perfecta. Estas magdalenas resultan ideales para excursiones al campo, para el desayuno o para picar a media mañana.

Tiempo de preparación ***15 minutos***
Tiempo de cocción ***40 minutos***
Para 12 magdalenas medianas

500 g de calabaza pelada y cortada en dados
100 g de harina de fuerza integral
200 g de harina de fuerza
75 g de harina
1/2 cucharadita de especias variadas
1/4 cucharadita de nuez moscada en polvo
115 g de azúcar moreno
2 huevos
125 ml de aceite vegetal
125 ml de leche
1 cucharadita de extracto o esencia de vainilla

1 Precaliente el horno a 210°C. Unte un molde para 12 magdalenas (125 ml de capacidad) con mantequilla derretida o aceite. Cueza la calabaza en un cazo o en el microondas hasta que esté tierna, luego escúrrala y tritúrela. Después, déjela enfriar.

2 Tamice las harinas, las especias mixtas y la nuez moscada en un recipiente grande y vuelva a añadir a la mezcla los restos que hayan quedado en el tamiz. Añada el azúcar y haga un hoyo en el centro.

3 Bata los huevos, el aceite, la leche y la vainilla y viértalos en el hoyo formado en los ingredientes sólidos junto con la calabaza. Remueva con una cuchara de acero inoxidable hasta que hayan unido bien. No bata demasiado la mezcla, pues debe tener una textura grumosa.

4 Coloque la mezcla en el molde para magdalenas con una cuchara y llene cada cavidad en las tres cuartas partes de su capacidad. Hornee durante 20 ó 25 minutos o hasta que al introducir una brocheta en el centro de una magdalena, ésta salga limpia. Deje las magdalenas en el molde 5 minutos más antes de desmoldarlas con cuidado y colocarlas sobre una rejilla para que se enfríen.

Magdalenas de maíz

La harina de maíz, parecida a la polenta, se elabora con maíz molido. En esta receta se emplean granos de maíz enteros para preparar estas deliciosas magdalenas.

Tiempo de preparación ***15 minutos***
Tiempo de cocción ***20 minutos***
Para 12 magdalenas medianas

225 g de harina de fuerza
una pizca de pimienta de Cayena
150 g de harina de maíz
60 g de queso cheddar rallado
310 g de granos de maíz en lata escurridos (vea Nota del chef)
250 ml de leche
2 huevos
100 g de mantequilla derretida

1 Precaliente el horno a 210°C. Unte un molde para 12 magdalenas (125 ml de capacidad) con mantequilla derretida o aceite. Tamice la harina y la pimienta de Cayena en un recipiente grande. Añada la harina de maíz, el queso y los granos de maíz y haga un hoyo en el centro.

2 Bata la leche y los huevos en un bol y viértalos en el hoyo formado en los ingredientes sólidos junto con la mantequilla. Remueva con una cuchara de acero inoxidable hasta que hayan unido bien. No bata demasiado la mezcla, pues debe tener una textura grumosa. Coloque la mezcla en el molde para magdalenas con una cuchara y llene cada cavidad en las tres cuartas partes de su capacidad.

3 Hornee durante 20 minutos o hasta que al introducir una brocheta en el centro de una magdalena, ésta salga limpia. Déjelas en el molde 5 minutos más antes de desmoldarlas con cuidado y colocarlas sobre una rejilla para que se enfríen.

Nota del chef Puede emplear también 240 g de granos de maíz frescos o congelados. Cuézalos en agua hirviendo hasta que estén tiernos, escúrralos y déjelos enfriar antes de utilizarlos.

Magdalenas de queso y semillas

Estas magdalenas son sencillísimas de preparar y constituyen una deliciosa alternativa al tradicional tentempié francés de pan con queso y embutidos. También pueden servirse acompañadas de encurtidos como aperitivo rápido.

*Tiempo de preparación **20 minutos***
*Tiempo de cocción **25 minutos***
*Para **12 magdalenas medianas***

4 cucharadas de semillas de sésamo
4 cucharadas de semillas de girasol
50 g de semillas de calabaza
300 g de harina de fuerza
75 g de harina
una pizca de sal
60 g de queso cheddar rallado
50 g de queso parmesano rallado
2 huevos
250 ml de leche
125 g de mantequilla derretida
1 cucharada de semillas de sésamo extra

1 Precaliente el horno a 210°C. Unte un molde para 12 magdalenas (125 ml de capacidad) con mantequilla derretida o aceite. Coloque las semillas de sésamo, girasol y calabaza en una sartén y tuéstelas a fuego lento hasta que las semillas de sésamo estén doradas. Páselas a un recipiente grande para que se enfríen. Tamice las harinas y la sal sobre las semillas, añada los quesos y haga un hoyo en el centro.

2 Bata los huevos y la leche en un bol y viértalos en el hoyo formado en los ingredientes sólidos junto con la mantequilla. Remueva con una cuchara de acero inoxidable hasta que hayan unido bien. La mezcla debe tener una textura grumosa. Colóquela en el molde para magdalenas con una cuchara y llene cada cavidad en las tres cuartas partes de su capacidad. Espolvoréelas con las semillas de sésamo extras.

3 Hornee durante 20 minutos o hasta que al introducir una brocheta en una magdalena, ésta salga limpia. Deje las magdalenas en el molde 5 minutos más antes de desmoldarlas con cuidado y colocarlas sobre una rejilla para que se enfríen.

Magdalenas de queso y finas hierbas

Las magdalenas de queso y finas hierbas son un acompañamiento excelente para sopas y bistecs. También están deliciosas untadas con mantequilla.

Tiempo de preparación ***25 minutos***
Tiempo de cocción ***20 minutos***
Para 12 ***magdalenas medianas***

225 g de harina de fuerza
155 g de harina de fuerza integral
una pizca de pimienta de Cayena
una pizca de sal
2 cucharadas de perejil fresco picado
2 cucharadas de cebollino fresco picado
2 cucharadas de tomillo fresco
125 g de queso cheddar rallado
2 huevos
250 ml de leche
125 g de mantequilla derretida

1 Precaliente el horno a 210°C. Unte un molde para 12 magdalenas (125 ml de capacidad) con mantequilla derretida o aceite. Tamice las harinas, la pimienta de Cayena y la sal en un recipiente grande y vuelva a añadir a la mezcla los restos que hayan quedado en el tamiz. Agregue las hierbas y el queso y haga un hoyo en el centro.

2 Bata ligeramente los huevos y la leche en un bol y viértalos en el hoyo formado en los ingredientes sólidos junto con la mantequilla. Remueva con una cuchara de acero inoxidable hasta que hayan unido bien. No bata demasiado la mezcla, pues debe tener una textura grumosa.

3 Coloque la mezcla en el molde para magdalenas con una cuchara y llene cada cavidad en las tres cuartas partes de su capacidad. Hornee 20 minutos o hasta que al introducir una brocheta en el centro de una magdalena, ésta salga limpia. Deje las magdalenas en el molde 5 minutos antes de desmoldarlas y colocarlas sobre una rejilla para que se enfríen.

Magdalenas de bacon

Las magdalenas de bacon son perfectas para desayunar el fin de semana con huevos escalfados o revueltos, o simplemente con mantequilla. Al preparar estas magdalenas, es de vital importancia no remover en exceso la mezcla o las magdalenas quedarán blandas como un chicle.

Tiempo de preparación ***25 minutos***
Tiempo de cocción ***30 minutos***
Para 12 magdalenas medianas

2 cucharaditas de aceite
6 lonchas de bacon picado
1 cebolla grande picada muy fina
300 g de harina de fuerza
75 g de harina
una pizca de sal
1 cucharada de perejil fresco picado
2 huevos
250 ml de leche
125 g de mantequilla derretida

1 Precaliente el horno a 210°C. Unte un molde para 12 magdalenas (125 ml de capacidad) con mantequilla derretida o aceite. Caliente el aceite en una sartén y fría el bacon hasta que esté dorado y crujiente. Retire la sartén del fuego y escurra el bacon en papel secante. Fría la cebolla en la misma sartén hasta que esté blanda y ligeramante dorada, luego déjela enfriar.

2 Tamice las harinas y la sal en un recipiente grande, añada el perejil y haga un hoyo en el centro. Bata ligeramente los huevos y la leche en un bol y viértalos en el hoyo formado en los ingredientes sólidos. Vierta la mantequilla derretida y el bacon y la cebolla una vez fríos y remueva con una cuchara de acero inoxidable hasta que hayan unido bien. No bata demasiado la mezcla, pues debe tener una textura grumosa.

3 Coloque la mezcla en el molde para magdalenas con una cuchara y llene cada cavidad en las tres cuartas partes de su capacidad. Hornee durante 20 minutos o hasta que al introducir una brocheta en una magdalena, ésta salga limpia. Deje las magdalenas en el molde 5 minutos más antes de desmoldarlas y colocarlas sobre una rejilla para que se enfríen.

Magdalenas de olivas, romero y parmesano

La deliciosa combinación de sabores complementarios convierte estas magdalenas en un acompañamiento ideal para una ensalada verde fresca en un día cálido de verano.

Tiempo de preparación ***25 minutos***
Tiempo de cocción ***20 minutos***
Para 12 magdalenas medianas

300 g de harina de fuerza
75 g de harina
una pizca de sal
175 g de olivas negras deshuesadas y picadas
35 g de queso parmesano rallado
1 cucharada de romero fresco picado
2 huevos
250 ml de leche
125 g de mantequilla derretida

1 Precaliente el horno a 210°C. Unte un molde para 12 magdalenas (125 ml de capacidad) con mantequilla derretida o aceite. Tamice las harinas y la sal en un recipiente, añada las olivas, el parmesano y el romero y haga un hoyo en el centro.

2 Bata ligeramente los huevos y la leche en un bol y viértalos en el hoyo formado en los ingredientes sólidos junto con la mantequilla. Remueva con una cuchara de acero hasta que se hayan unido bien. La mezcla debe tener una textura grumosa. Coloque la mezcla en el molde para magdalenas y llene cada cavidad en las tres cuartas partes de su capacidad.

3 Hornee durante 20 minutos o hasta que al introducir una brocheta en el centro de una magdalena, ésta salga limpia. Deje las magdalenas en el molde 5 minutos más antes de desmoldarlas y colocarlas sobre una rejilla para que se enfríen.

Magdalenas de pimiento rojo y feta

Estas magdalenas están deliciosas el día de su elaboración. Sin embargo, cuando esto no sea posible, basta con que las recaliente en el horno a fuego moderado durante unos minutos antes de servirlas.

Tiempo de preparación ***30 minutos***
Tiempo de cocción ***30 minutos***
Para 12 magdalenas medianas

1 pimiento rojo grande
300 g de harina de fuerza
75 g de harina
una pizca de sal
150 g de queso feta desmenuzado
2 huevos
250 ml de leche
125 g de mantequilla derretida

1 Precaliente el horno a 210°C. Unte un molde para 12 magdalenas (125 ml de capacidad) con mantequilla derretida o aceite. Limpie el pimiento de semillas y membranas y córtelo a lo largo en tiras finas. Áselas en una parrilla hasta que la piel se tueste y se despegue, luego trocee la carne.

2 Tamice las harinas y la sal en un recipiente grande, añada el pimiento y el feta y haga un hoyo en el centro.

3 Bata ligeramente los huevos y la leche en un bol y viértalos en el hoyo formado en los ingredientes sólidos junto con la mantequilla. Remueva con una cuchara de acero inoxidable hasta que hayan unido bien. No bata demasiado la mezcla, pues debe tener una textura grumosa.

4 Coloque la mezcla en el molde para magdalenas con una cuchara y llene cada cavidad en las tres cuartas partes de su capacidad.

5 Hornee durante 20 minutos o hasta que al introducir una brocheta en el centro de una magdalena, ésta salga limpia. Deje las magdalenas en el molde 5 minutos más antes de desmoldarlas con cuidado y colocarlas sobre una rejilla para que se enfríen.

Magdalenas de jamón y queso

Estas magdalenas están deliciosas calientes como acompañamiento para una sopa vegetal o una ensalada de tomate. También pueden prepararse con jamón ahumado, gruyère o una cucharada de finas hierbas frescas picadas.

Tiempo de preparación ***20 minutos***
Tiempo de cocción ***25 minutos***
Para 12 magdalenas medianas

3 cebolletas picadas finas
1 cucharadita de aceite
300 g de harina de fuerza
75 g de harina
una pizca de sal
una pizca de mostaza en grano
175 g de queso cheddar rallado
2 huevos
250 ml de leche
125 g de mantequilla derretida

1 Precaliente el horno a 210°C. Unte un molde para 12 magdalenas (125 ml de capacidad) con mantequilla derretida o aceite. Fría las cebolletas en el aceite durante 2 ó 3 minutos o hasta que estén blandas. Tamice las harinas, la sal y la mostaza en grano en un recipiente grande y sazone bien con pimienta negra recién molida. Añada el jamón, el queso y la cebolleta y haga un hoyo en el centro.

2 Bata ligeramente los huevos y la leche en un bol y viértalos con cuidado en el hoyo formado en los ingredientes sólidos junto con la mantequilla. Remueva con una cuchara de acero inoxidable hasta que hayan unido bien. No bata demasiado la mezcla, pues es conveniente que tenga una textura grumosa.

3 Coloque la mezcla en el molde para magdalenas con una cuchara y llene cada cavidad en las tres cuartas partes de su capacidad. Hornee durante 20 minutos o hasta que al introducir una brocheta en el centro de una magdalena, ésta salga limpia. Deje las magdalenas en el molde 5 minutos más antes de desmoldarlas con cuidado y colocarlas sobre una rejilla para que se enfríen.

Técnicas del Chef

Preparar y llenar el molde

Si en la receta se elaboran 6 magdalenas grandes, puede utilizar un molde para 12 y preparar 12 medianas.

Unte cada cavidad del molde con mantequilla derretida o aceite con la ayuda de una brocha o rocíelas con aceite.

Otra alternativa consiste en introducir un envoltorio de papel para magdalenas en cada cavidad del molde.

Con la ayuda de una cuchara, introduzca la mezcla preparada de la magdalena en la cavidad correspondiente a la vez que se sirve de otra cuchara para retirarla de la misma.

Fundir y mezclar

Éste es el método más habitual para elaborar magdalenas ligeras y esponjosas.

Tamice las harinas en un recipiente grande, añada el azúcar y los ingredientes sólidos restantes. Haga un hoyo en el centro.

Funda la mantequilla en una sartén pequeña y luego retírela del fuego y déjela enfriar un poco.

Mezcle los huevos y la leche en un bol. A continuación, viértalos en el hoyo formado en los ingredientes sólidos junto con la mantequilla, una vez fría.

Con una cuchara de acero ligue la mezcla líquida con la sólida removiendo de abajo arriba. Remueva, sin excederse, hasta unirlas para conseguir una textura grumosa o las magdalenas quedarán blandas como un chicle.

El punto de cocción

Hornee las magdalenas y compruebe si están a punto siguiendo uno de estos métodos.

Si al introducir una brocheta en el centro de las magdalenas sale limpia, las magdalenas estarán en su punto.

Si las magdalenas están esponjosas al tacto al presionarlas levemente con el dedo, estarán en su punto.

Costra

Las costras son coberturas que confieren una textura deliciosamente crujiente a las magdalenas.

Esparza la costra homogéneamente sobre la superficie de las magdalenas antes de hornearlas.

Desmoldar magdalenas

La mayoría de las magdalenas debe dejarse reposar durante 5 minutos antes de desmoldar.

Pase una espátula alrededor de las magdalenas para despegarlas del molde.

Con sumo cuidado extraiga las magdalenas del molde y colóquelas sobre una rejilla para que se enfríen.

Cómo congelar magdalenas

Se conservan bien congeladas durante un mes. Puede envolverlas individualmente y tomar una cada vez.

Colóquelas en una bolsa hermética y extraiga todo el aire posible. Séllela bien y congélela. Para consumirlas, descongélelas a temperatura ambiente o envuélvalas en papel de aluminio y caliéntelas en el horno a 180°C.

Editado por Murdoch Books® de Murdoch Magazines Pty Limited, 45 Jones Street, Ultimo NSW 2007.

Editora gerente: Kay Halsey
Idea, diseño y dirección artística de la serie: Juliet Cohen

Murdoch Books y Le Cordon Bleu quieren expresar su agradecimiento a los 32 chefs expertos de todas las escuelas Le Cordon Bleu, cuyos conocimientos y experiencia han hecho posible la realización de este libro, y muy especialmente a los chefs Cliche (Meilleur Ouvrier de France), Terrien, Boucheret, Duchêne (MOF), Guillut y Steneck, de París; Males, Walsh y Hardy, de Londres; Chantefort, Bertin, Jambert y Honda, de Tokio; Salembien, Boutin, y Harris, de Sydney; Lawes de Adelaida y Guiet y Denis de Ottawa.
Nuestra gratitud a todos los estudiantes que colaboraron con los chefs en la elaboración de las recetas, y en especial a los graduados David Welch y Allen Wertheim.
La editorial también quiere expresar el reconocimiento más sincero a la labor de las directoras Susan Eckstein, de Gran Bretaña y Kathy Shaw, de París, responsables de la coordinación del equipo Le Cordon Bleu a lo largo de esta serie.

Título original: *Muffins*

Könemann Verlagsgesellschaft mbH
Bonner Straße 126, D-50968 Köln
Traducción del inglés: Carolina Díaz Gámez
para LocTeam, S.L., Barcelona
Redacción y maquetación: LocTeam, S.L., Barcelona
Impresión y encuadernación: Sing Cheong Printing Co., Ltd.
Printed in Hong Kong, China

ISBN 3-8290-0646-2

10 9 8 7 6 5 4 3

La editora y Le Cordon Bleu agradecen a Carole Sweetnam su colaboración en esta serie.
Portada: Magdalenas de arándanos

INFORMACIÓN IMPORTANTE

GUÍA DE CONVERSIONES

1 taza = 250 ml
1 cucharada = 20 ml (4 cucharaditas)

NOTA: Hemos utilizado cucharas de 20 ml. Si utiliza cucharas de 15 ml, las diferencias en las recetas serán prácticamente inapreciables. En aquéllas en las que se utilice levadura en polvo, gelatina, bicarbonato de sosa y harina, añada una cucharadita más por cada cucharada indicada.

IMPORTANTE: Aquellas personas para las que los efectos de una intoxicación por salmonela supondrían un riesgo serio (personas mayores, mujeres embarazadas, niños y pacientes con enfermedades de inmunodeficiencia) deberían consultar con su médico los riesgos derivados de ingerir huevos crudos.